中华人民共和国
外商投资法

(2019年3月15日第十三届全国人民代表

大会第二次会议通过)

人民出版社

图书在版编目(CIP)数据

中华人民共和国外商投资法. —北京:人民出版社,2019.3
ISBN 978-7-01-020565-6

Ⅰ.①中… Ⅱ. Ⅲ.①外商投资-涉外经济法-中国
Ⅳ.①D922.295

中国版本图书馆 CIP 数据核字(2019)第 052359 号

中华人民共和国外商投资法
ZHONGHUARENMINGONGHEGUO WAISHANG TOUZI FA

人民出版社 出版发行
(100706 北京市东城区隆福寺街 99 号)

北京中科印刷有限公司印刷 新华书店经销

2019 年 3 月第 1 版 2019 年 3 月北京第 1 次印刷
开本:850 毫米×1168 毫米 1/32 印张:1
字数:17 千字 印数:00,001—10,000 册

ISBN 978-7-01-020565-6 定价:5.00 元

邮购地址 100706 北京市东城区隆福寺街 99 号
人民东方图书销售中心 电话 (010)65250042 65289539

目　　录

中华人民共和国主席令

第二十六号

《中华人民共和国外商投资法》已由中华人民共和国第十三届全国人民代表大会第二次会议于 2019 年 3 月 15 日通过,现予公布,自 2020 年 1 月 1 日起施行。

中华人民共和国主席 习近平

2019 年 3 月 15 日

中华人民共和国外商投资法

（2019 年 3 月 15 日第十三届全国人民代表
大会第二次会议通过）

目　　录

第一章　总　　则

第一条　为了进一步扩大对外开放，积极促进外商投资,保护外商投资合法权益,规范外商投资管理,推动形成全面开放新格局,促进社会主义市场经济健康发展,根据宪法,制定本法。

第二条 在中华人民共和国境内(以下简称中国境内)的外商投资,适用本法。

本法所称外商投资,是指外国的自然人、企业或者其他组织(以下称外国投资者)直接或者间接在中国境内进行的投资活动,包括下列情形:

(一)外国投资者单独或者与其他投资者共同在中国境内设立外商投资企业;

(二)外国投资者取得中国境内企业的股份、股权、财产份额或者其他类似权益;

(三)外国投资者单独或者与其他投资者共同在中国境内投资新建项目;

(四)法律、行政法规或者国务院规定的其他方式的投资。

本法所称外商投资企业,是指全部或者部分由外国投资者投资,依照中国法律在中国境内经登记注册设立的企业。

第三条 国家坚持对外开放的基本国策,鼓励外国投资者依法在中国境内投资。

国家实行高水平投资自由化便利化政策,建立和完善外商投资促进机制,营造稳定、透明、可预期和公平竞争的市场环境。

第四条　国家对外商投资实行准入前国民待遇加负面清单管理制度。

前款所称准入前国民待遇,是指在投资准入阶段给予外国投资者及其投资不低于本国投资者及其投资的待遇;所称负面清单,是指国家规定在特定领域对外商投资实施的准入特别管理措施。国家对负面清单之外的外商投资,给予国民待遇。

负面清单由国务院发布或者批准发布。

中华人民共和国缔结或者参加的国际条约、协定对外国投资者准入待遇有更优惠规定的,可以按照相关规定执行。

第五条　国家依法保护外国投资者在中国境内的投资、收益和其他合法权益。

第六条　在中国境内进行投资活动的外国投资者、外商投资企业,应当遵守中国法律法规,不得危害中国国家安全、损害社会公共利益。

第七条　国务院商务主管部门、投资主管部门按照职责分工,开展外商投资促进、保护和管理工作;国务院其他有关部门在各自职责范围内,负责外商投资促进、保护和管理的相关工作。

县级以上地方人民政府有关部门依照法律法规和本级人民政府确定的职责分工,开展外商投资促进、保护和管理工作。

第八条　外商投资企业职工依法建立工会组织,开展工会活动,维护职工的合法权益。外商投资企业应当为本企业工会提供必要的活动条件。

第二章　投资促进

第九条　外商投资企业依法平等适用国家支持企业发展的各项政策。

第十条　制定与外商投资有关的法律、法规、规章,应当采取适当方式征求外商投资企业的意见和建议。

与外商投资有关的规范性文件、裁判文书等,应当依法及时公布。

第十一条　国家建立健全外商投资服务体系,为外国投资者和外商投资企业提供法律法规、政策措施、投资项目信息等方面的咨询和服务。

第十二条　国家与其他国家和地区、国际组织建立多边、双边投资促进合作机制,加强投资领域的国际交流与合作。

第十三条　国家根据需要,设立特殊经济区域,或者在部分地区实行外商投资试验性政策措施,促进外商投资,扩大对外开放。

第十四条 国家根据国民经济和社会发展需要,鼓励和引导外国投资者在特定行业、领域、地区投资。外国投资者、外商投资企业可以依照法律、行政法规或者国务院的规定享受优惠待遇。

第十五条 国家保障外商投资企业依法平等参与标准制定工作,强化标准制定的信息公开和社会监督。

国家制定的强制性标准平等适用于外商投资企业。

第十六条 国家保障外商投资企业依法通过公平竞争参与政府采购活动。政府采购依法对外商投资企业在中国境内生产的产品、提供的服务平等对待。

第十七条 外商投资企业可以依法通过公开发行股票、公司债券等证券和其他方式进行融资。

第十八条 县级以上地方人民政府可以根据法律、行政法规、地方性法规的规定,在法定权限内制定外商投资促进和便利化政策措施。

第十九条 各级人民政府及其有关部门应当按照便利、高效、透明的原则,简化办事程序,提高办事效率,优化政务服务,进一步提高外商投资服务水平。

有关主管部门应当编制和公布外商投资指引,为外国投资者和外商投资企业提供服务和便利。

第三章　投资保护

第二十条　国家对外国投资者的投资不实行征收。

在特殊情况下，国家为了公共利益的需要，可以依照法律规定对外国投资者的投资实行征收或者征用。征收、征用应当依照法定程序进行，并及时给予公平、合理的补偿。

第二十一条　外国投资者在中国境内的出资、利润、资本收益、资产处置所得、知识产权许可使用费、依法获得的补偿或者赔偿、清算所得等，可以依法以人民币或者外汇自由汇入、汇出。

第二十二条　国家保护外国投资者和外商投资企业的知识产权，保护知识产权权利人和相关权利人的合法权益；对知识产权侵权行为，严格依法追究法律责任。

国家鼓励在外商投资过程中基于自愿原则和商业规则开展技术合作。技术合作的条件由投资各方遵循公平原则平等协商确定。行政机关及其工作人员不得利用行政手段强制转让技术。

第二十三条　行政机关及其工作人员对于履行职责过程中知悉的外国投资者、外商投资企业的商业秘密，应当依法予以保密，不得泄露或者非法向他人提供。

第二十四条 各级人民政府及其有关部门制定涉及外商投资的规范性文件,应当符合法律法规的规定;没有法律、行政法规依据的,不得减损外商投资企业的合法权益或者增加其义务,不得设置市场准入和退出条件,不得干预外商投资企业的正常生产经营活动。

第二十五条 地方各级人民政府及其有关部门应当履行向外国投资者、外商投资企业依法作出的政策承诺以及依法订立的各类合同。

因国家利益、社会公共利益需要改变政策承诺、合同约定的,应当依照法定权限和程序进行,并依法对外国投资者、外商投资企业因此受到的损失予以补偿。

第二十六条 国家建立外商投资企业投诉工作机制,及时处理外商投资企业或者其投资者反映的问题,协调完善相关政策措施。

外商投资企业或者其投资者认为行政机关及其工作人员的行政行为侵犯其合法权益的,可以通过外商投资企业投诉工作机制申请协调解决。

外商投资企业或者其投资者认为行政机关及其工作人员的行政行为侵犯其合法权益的,除依照前款规定通过外商投资企业投诉工作机制申请协调解决外,还可以依法申请行政复议、提起行政诉讼。

第二十七条 外商投资企业可以依法成立和自愿参

加商会、协会。商会、协会依照法律法规和章程的规定开展相关活动,维护会员的合法权益。

第四章　投资管理

第二十八条　外商投资准入负面清单规定禁止投资的领域,外国投资者不得投资。

外商投资准入负面清单规定限制投资的领域,外国投资者进行投资应当符合负面清单规定的条件。

外商投资准入负面清单以外的领域,按照内外资一致的原则实施管理。

第二十九条　外商投资需要办理投资项目核准、备案的,按照国家有关规定执行。

第三十条　外国投资者在依法需要取得许可的行业、领域进行投资的,应当依法办理相关许可手续。

有关主管部门应当按照与内资一致的条件和程序,审核外国投资者的许可申请,法律、行政法规另有规定的除外。

第三十一条　外商投资企业的组织形式、组织机构及其活动准则,适用《中华人民共和国公司法》、《中华人民共和国合伙企业法》等法律的规定。

第三十二条　外商投资企业开展生产经营活动,应当遵守法律、行政法规有关劳动保护、社会保险的规定，依照法律、行政法规和国家有关规定办理税收、会计、外汇等事宜，并接受相关主管部门依法实施的监督检查。

第三十三条　外国投资者并购中国境内企业或者以其他方式参与经营者集中的，应当依照《中华人民共和国反垄断法》的规定接受经营者集中审查。

第三十四条　国家建立外商投资信息报告制度。外国投资者或者外商投资企业应当通过企业登记系统以及企业信用信息公示系统向商务主管部门报送投资信息。

外商投资信息报告的内容和范围按照确有必要的原则确定；通过部门信息共享能够获得的投资信息，不得再行要求报送。

第三十五条　国家建立外商投资安全审查制度，对影响或者可能影响国家安全的外商投资进行安全审查。

依法作出的安全审查决定为最终决定。

第五章　法律责任

第三十六条　外国投资者投资外商投资准入负面清单规定禁止投资的领域的，由有关主管部门责令停止投资活动，限期处分股份、资产或者采取其他必要措施，恢复到实施投资前的状态；有违法所得的，没收违法所得。

外国投资者的投资活动违反外商投资准入负面清单规定的限制性准入特别管理措施的,由有关主管部门责令限期改正,采取必要措施满足准入特别管理措施的要求;逾期不改正的,依照前款规定处理。

外国投资者的投资活动违反外商投资准入负面清单规定的,除依照前两款规定处理外,还应当依法承担相应的法律责任。

第三十七条　外国投资者、外商投资企业违反本法规定,未按照外商投资信息报告制度的要求报送投资信息的,由商务主管部门责令限期改正;逾期不改正的,处十万元以上五十万元以下的罚款。

第三十八条　对外国投资者、外商投资企业违反法律、法规的行为,由有关部门依法查处,并按照国家有关规定纳入信用信息系统。

第三十九条　行政机关工作人员在外商投资促进、保护和管理工作中滥用职权、玩忽职守、徇私舞弊的,或者泄露、非法向他人提供履行职责过程中知悉的商业秘密的,依法给予处分;构成犯罪的,依法追究刑事责任。

第六章　附　　则

第四十条　任何国家或者地区在投资方面对中华人

民共和国采取歧视性的禁止、限制或者其他类似措施的，中华人民共和国可以根据实际情况对该国家或者该地区采取相应的措施。

第四十一条　对外国投资者在中国境内投资银行业、证券业、保险业等金融行业，或者在证券市场、外汇市场等金融市场进行投资的管理，国家另有规定的，依照其规定。

第四十二条　本法自 2020 年 1 月 1 日起施行。《中华人民共和国中外合资经营企业法》、《中华人民共和国外资企业法》、《中华人民共和国中外合作经营企业法》同时废止。

本法施行前依照《中华人民共和国中外合资经营企业法》、《中华人民共和国外资企业法》、《中华人民共和国中外合作经营企业法》设立的外商投资企业，在本法施行后五年内可以继续保留原企业组织形式等。具体实施办法由国务院规定。

关于《中华人民共和国
外商投资法（草案）》的说明

——2019 年 3 月 8 日在第十三届全国人民
代表大会第二次会议上

全国人民代表大会常务委员会副委员长　　王　晨

各位代表：

我受全国人大常委会委托，作关于《中华人民共和国外商投资法（草案）》的说明。

一、制定外商投资法的重要意义

（一）制定外商投资法，是贯彻落实党中央扩大对外开放、促进外商投资决策部署的重要举措

党的十八大以来，以习近平同志为核心的党中央在扩大对外开放、促进外商投资方面作出了一系列重要决策部署，强调中国开放的大门不会关闭，只会越开越大。

习近平总书记在庆祝改革开放 40 周年大会上发表重要讲话,发出了新时代改革开放再出发、继续把改革开放推向前进的宣言书和动员令。在新的历史起点上,我们必须坚定贯彻新发展理念,坚持对外开放的基本国策,继续实行积极主动的开放政策,推动形成全面开放新格局。

积极吸引和利用外商投资,是我国扩大对外开放和构建开放型经济新体制的重要内容,必须有健全的法治保障。总结改革开放 40 年我国外商投资法律制度的实践经验,适应新形势新要求,外商投资法确立了我国新型外商投资法律制度的基本框架,确定了我国对外开放、促进外商投资的基本国策和大政方针,对外商投资的准入、促进、保护、管理等作出了统一规定,是我国外商投资领域新的基础性法律,是对我国外商投资法律制度的完善和创新。通过制定和实施外商投资法,坚定实行高水平投资自由化便利化政策,保护外商投资合法权益,营造法治化、国际化、便利化营商环境,以高水平对外开放推动经济高质量发展,充分彰显了新时代我国进一步扩大对外开放、积极促进外商投资的决心和信心。

(二)制定外商投资法,是我国外商投资法律制度与时俱进、完善发展的客观要求

法治建设与改革开放紧密结合、协调推进、相互促进,是我国改革开放、社会主义现代化建设和法治建设取

得成功的重要原因。中国的对外开放立法是从外商投资立法起步和发展起来的。1978年12月，邓小平同志就明确提出制定外国人投资法。1979年7月改革开放新时期第一批出台的7部法律，就包括中外合资经营企业法，标志着中国打开大门引进外资、实行对外开放，具有重大政治和法律意义。1980年8月，全国人大常委会批准《广东省经济特区条例》。1986年和1988年，全国人民代表大会又先后制定了外资企业法和中外合作经营企业法，国务院、有关部门和地方陆续制定了一大批有关外商投资的实施性、配套性法规和规章。上述"外资三法"，为外商投资企业在我国发展创造了良好法治环境，对推动改革开放伟大历史进程发挥了重要作用。

进入新世纪后，为适应加入世界贸易组织的需要，全国人大及其常委会对"外资三法"作出部分修改，删除了法律中要求外商投资企业在境内优先采购、实现外汇收支平衡、出口实绩等规定。2007年，全国人民代表大会通过企业所得税法，实现了内外资企业所得税制统一。党的十八大以后，根据全面深化改革、扩大对外开放的需要，全国人大常委会于2013年、2014年两次作出决定，授权在有关自由贸易试验区内暂时调整"外资三法"关于外商投资企业审批等规定，试行准入前国民待遇加负面清单管理方式。2016年，根据自由贸易试验区取得的可复制推广的经验,全国人大常委会对"外资三法"作出修改,在法律中确立外商投资企业实行准入前国民待遇加负面清单管理制度,将自由贸易试验区的改革试点经验推广到全国。

40年来,外商投资企业对于促进经济持续发展、扩大对外贸易、优化产业结构、增加社会就业、培育市场主体、健全市场机制,都发挥了积极作用,"外资三法"为我国外商投资企业提供了有力的法治保障。同时,我们也要看到,在新的形势下,"外资三法"已难以适应新时代改革开放实践的需要。"外资三法"主要规范外商投资企业的组织形式、组织机构和生产经营活动准则,随着社会主义市场经济体制和中国特色社会主义法律体系的建立和不断完善,"外资三法"的相关规范已逐步为公司法、合伙企业法、民法总则、物权法、合同法等市场主体和市场交易方面的法律所涵盖;同时,新形势下全面加强对外商投资的促进和保护、进一步规范外商投资管理的要求,也大大超出了"外资三法"的调整范围。适应新时代改革开放的需要,推动外商投资法律制度与时俱进、完善发展,迫切需要在总结我国吸引外商投资实践经验的基础上,制定一部新的外商投资基础性法律取代"外资三法",并配合制定相应的具体法规、规章,以更加全面完善的外商投资法律制度,促进、保障和规范外商投资活动,提高外资工作法治化水平,促进国家治理体系和治理能力现代化,推动全面依法治国战略深入实施。

(三)制定外商投资法,是促进社会主义市场经济健康发展、实现经济高质量发展的客观要求

中国特色社会主义进入新时代,我国经济已由高速增长阶段转向高质量发展阶段。过去40年中国经济发展是在开放条件下取得的,未来中国经济实现高质量发展也必须在更加开放条件下进行。党的十九大明确提出,实行高水平的贸易和投资自由化便利化政策,全面实行准入前国民待遇加负面清单管理制度,大幅度放宽市场准入,扩大服务业对外开放,保护外商投资合法权益;凡是在我国境内注册的企业,都要一视同仁、平等对待。改革开放40年给我们的重要启示就是:开放带来进步,封闭必然落后。我国发展仍处于并将长期处于重要战略机遇期,我国与其他国家开放合作、互利共赢的空间十分广阔。面向未来,我国经济要实现高质量发展,就必须抓住机遇、用好机遇,以扩大开放推动改革、带动创新、促进发展。

习近平总书记在阐述新发展理念时指出:"开放发展注重的是解决发展内外联动问题。"外商投资法着眼于增强发展的内外联动性,明确规定了多项促进内外资企业规则统一、促进公平竞争方面的内容。一是外商投

资企业依法平等适用国家支持企业发展的各项政策;二是国家保障外商投资企业依法平等参与标准制定工作,国家制定的强制性标准平等适用于外商投资企业;三是国家保障外商投资企业依法通过公平竞争参与政府采购活动,政府采购依法对外商投资企业在中国境内生产的产品平等对待;四是外商投资过程中技术合作的条件由投资各方遵循公平原则平等协商确定,行政机关及其工作人员不得利用行政手段强制转让技术;五是外商投资准入负面清单以外的领域,按照内外资一致的原则实施管理;六是有关主管部门应当按照与内资一致的条件和程序,审核外国投资者的许可申请,法律、行政法规另有规定的除外。这些促进内外资企业规则统一的规定,有利于贯彻一视同仁、平等对待的原则,营造稳定、透明、可预期和公平竞争的市场环境,也有利于我国各类企业平等参与,在全面开放新格局中实现更高水平、更高质量的发展。

二、外商投资法草案起草过程和总体要求

党的十八届三中、四中全会和党中央关于构建开放型经济新体制的决策部署,对完善涉外法律法规体系、统

一内外资法律、制定新的外商投资基础性法律提出了明确要求。全国人大常委会高度重视外商投资立法工作，全国人大常委会立法规划和 2018 年立法工作计划明确提出制定外商投资法。按照党中央决策部署和中央全面依法治国委员会工作要求，国务院有关部门经过认真调研、征求意见和论证协调，拟订了外商投资法草案。2018 年 12 月，国务院将外商投资法草案提请全国人大常委会审议。

2018 年 12 月下旬召开的十三届全国人大常委会第七次会议对外商投资法草案进行了初次审议。之后，全国人大宪法和法律委员会、常委会法制工作委员会通过多种方式广泛征求地方、部门、研究机构的意见，召开座谈会听取外国商会协会、外商投资企业的意见，通过中国人大网公布草案征求社会公众的意见。各方面普遍赞同制定外商投资法，认为这是完善涉外法律法规体系、促进外商投资、扩大对外开放、营造法治化国际化便利化营商环境的重要举措，有利于推动形成对外开放新格局。宪法和法律委员会、法制工作委员会会同国务院有关部门根据常委会审议意见和各方面的意见，经认真研究后，对外商投资法草案作了修改完善。2019 年 1 月 29 日至 30 日召开的十三届全国人大常委会第八次会议对草案进行了第二次审议，并决定由全国人大常委会将外商投资法草案提请十三届全国人大二次会议审议。全国人大常委会办公厅及时将外商投资法草案印发全国人大代表,部署组织全国人大代表研读讨论外商投资法草案工作,征求代表意见。2月25日,宪法和法律委员会召开会议,根据常委会第八次会议的审议意见、代表研读讨论中提出的意见和各方面的意见,对草案作了进一步修改完善;认为经过全国人大常委会两次审议和广泛征求意见,草案充分吸收各方面的意见建议,已经比较成熟,形成了提请本次会议审议的《中华人民共和国外商投资法(草案)》。

在外商投资法立法过程中,我们认真学习领会习近平新时代中国特色社会主义思想特别是习近平总书记关于扩大对外开放的重要论述,坚决贯彻落实党中央关于加快统一内外资法律法规、制定新的外商投资基础性法律的要求,深刻认识改革开放40年来我国坚定不移实行对外开放、以开放促改革促发展促创新取得的巨大成就和宝贵经验;深刻认识在新的历史起点上坚持对外开放基本国策、坚持互利共赢开放战略的重大意义;准确把握和全面贯彻外商投资立法的总体要求,努力通过制定外商投资法,充分彰显新时代中国进一步扩大对外开放、积极促进外商投资、保护外商投资合法权益的决心和信心,坚持以改革创新精神推动外商投资法律制度与时俱进、完善发展。

根据新时代改革开放新的形势和要求,制定外商投资法的指导思想是:高举中国特色社会主义伟大旗帜,以习近平新时代中国特色社会主义思想为指导,深入贯彻落实党的十九大和十九届二中、三中全会精神,适应推动形成全面开放新格局、构建开放型经济新体制的新形势新要求,坚持对外开放基本国策,坚持市场化、法治化、国际化的改革方向,创新外商投资管理制度,确立新时代外商投资法律制度基本框架,为推动高水平对外开放提供有力法治保障,促进社会主义市场经济健康发展。

贯彻上述指导思想,外商投资立法着重遵循和体现以下重要原则:

(一)突出积极扩大对外开放和促进外商投资的主基调。制定外商投资法,就是要在新的历史条件下通过国家立法表明将改革开放进行到底的决心和意志,展现新时代中国积极的对外开放姿态,顺应时代发展潮流,体现推动新一轮高水平对外开放、营造国际一流营商环境的精神和要求,使这部法律成为一部外商投资的促进法、保护法。

(二)坚持外商投资基础性法律的定位。外商投资法是新形势下国家关于外商投资活动全面的、基本的法律规范,是外商投资领域起龙头作用、具有统领性质的法律。因此,这部法律重点是确立外商投资准入、促进、保护、管理等方面的基本制度框架和规则,建立起新时代我国外商投资法律制度的"四梁八柱"。

(三)坚持中国特色和国际规则相衔接。草案立足于我国当前的发展阶段和利用外资工作的实际需要,对外商投资的准入、促进、保护、管理等作出有针对性的规定;同时注意与国际通行的经贸规则、营商环境相衔接,努力构建既符合我国基本国情和实际又顺应国际通行规则、惯常做法的外商投资法律制度。

(四)坚持内外资一致。外商投资在准入后享受国民待遇,国家对内资和外资的监督管理,适用相同的法律制度和规则。继续按照市场化、法治化、国际化的改革方向,在行政审批改革、加强产权平等保护等方面完善相关法律制度,努力打造内外资公平竞争的市场环境,依靠改善投资环境吸引更多外商投资。

三、外商投资法草案的主要内容

草案分为6章,包括总则、投资促进、投资保护、投资管理、法律责任、附则,共41条,对新的外商投资法律制度作出了基本的、明确的规定。

(一)关于外商投资的界定

草案对外商投资进行了界定,即外国的自然人、企业或者其他组织直接或者间接在中国境内进行的投资活动，包括以下四类具体情形：一是外国投资者单独或者与其他投资者共同在中国境内设立外商投资企业；二是外国投资者取得中国境内企业的股份、股权、财产份额或者其他类似权益；三是外国投资者单独或者与其他投资者共同在中国境内投资新建项目；四是法律、行政法规或者国务院规定的其他方式的投资。

同时，考虑到金融行业同其他行业和领域相比具有特殊性，草案规定，对外国投资者在中国境内投资银行、证券、保险等金融行业，或者在证券市场、外汇市场等金融市场进行投资的管理，国家另有规定的，依照其规定。

（二）关于外商投资促进

为了积极促进外商投资，草案在总则一章中规定，国家坚持对外开放的基本国策，鼓励外国投资者依法在中国境内投资；国家实行高水平投资自由化便利化政策，建立和完善外商投资促进机制，营造稳定、透明、可预期和公平竞争的市场环境。同时，设"投资促进"专章，主要包括以下内容：

一是提高外商投资政策的透明度。草案规定：制定与外商投资有关的法律、法规、规章，应当采取适当方式征求外商投资企业的意见和建议；与外商投资有关的规范性文件、裁判文书等，应当依法及时公布。

二是保障外商投资企业平等参与市场竞争。草案第九条、第十五条、第十六条、第十七条等都体现了外商投资企业平等参与、内外资规则一致的精神。

三是加强外商投资服务。草案规定:国家建立健全外商投资服务体系,为外国投资者和外商投资企业提供法律法规、政策措施、投资项目信息等方面的咨询和服务;各级人民政府及其有关部门应当按照便利、高效、透明的原则,进一步提高外商投资服务水平。

四是依法依规鼓励和引导外商投资。草案规定:国家根据需要,设立特殊经济区域,或者在部分地区实行外商投资试验性政策措施,促进外商投资,扩大对外开放;国家根据国民经济和社会发展需要,鼓励和引导外国投资者在特定行业、领域、地区投资,并可以依照法律、行政法规或者国务院的规定给予优惠;县级以上地方人民政府可以根据法律、行政法规、地方性法规的规定,在法定权限内制定外商投资促进和便利化政策措施。

(三)关于外商投资保护

为了加强对外商投资合法权益的保护,草案在总则一章中规定,国家依法保护外国投资者在中国境内的投资、收益和其他合法权益。同时,设"投资保护"专章,主要包括以下内容:

一是加强对外商投资企业的产权保护。草案规定:

国家对外国投资者的投资不实行征收;在特殊情况下,国家为了公共利益的需要,可以依照法律规定对外国投资者的投资实行征收或者征用,征收、征用应当依照法定程序进行,并及时给予公平、合理的补偿。外国投资者在中国境内的出资、利润、资本收益、资产处置所得、知识产权许可使用费、依法获得的补偿或者赔偿、清算所得等,可以依法以人民币或者外汇自由汇入、汇出。国家保护外国投资者和外商投资企业的知识产权,鼓励基于自愿原则和商业规则开展技术合作。

二是强化对制定涉及外商投资规范性文件的约束。草案规定:政府及其有关部门制定涉及外商投资的规范性文件,应当符合法律法规的规定;没有法律、行政法规依据的,不得减损外商投资企业的合法权益或者增加其义务,不得设置市场准入和退出条件,不得干预外商投资企业的正常生产经营活动。

三是促使地方政府守约践诺。草案规定:地方各级人民政府及其有关部门应当履行向外国投资者、外商投资企业依法作出的政策承诺以及依法订立的各类合同;因国家利益、社会公共利益需要改变政策承诺、合同约定的,应当依照法定权限和程序进行,并依法对外国投资者、外商投资企业因此受到的损失予以补偿。

四是建立外商投资企业投诉工作机制。草案规定:

国家建立外商投资企业投诉工作机制,协调完善外商投资企业投诉工作中的重大政策措施,及时处理外商投资企业或者其投资者反映的问题;外商投资企业或者其投资者认为行政机关及其工作人员的行政行为侵犯其合法权益的,可以通过外商投资企业投诉工作机制申请解决。

(四)关于外商投资管理

草案在总则一章中明确规定,国家对外商投资实行准入前国民待遇加负面清单管理制度,并进一步规定:所称准入前国民待遇,是指在投资准入阶段给予外国投资者及其投资不低于本国投资者及其投资的待遇;所称负面清单,是指国家规定在特定领域对外商投资实施的准入特别管理措施;国家对负面清单之外的外商投资,给予国民待遇。负面清单由国务院发布或者批准发布。中华人民共和国缔结或者参加的国际条约、协定对外国投资者准入待遇有更优惠规定的,可以按照相关规定执行。根据我国有关实践和需要,草案规定:负面清单规定禁止投资的领域,外国投资者不得投资;负面清单规定限制投资的领域,外国投资者进行投资应当符合负面清单规定的条件。同时,草案还对外商投资管理作出了一些指引性、衔接性规定:

一是明确按照内外资一致的原则对外商投资实施监督管理。草案规定:外商投资需要办理投资项目核准、备案的,按照国家有关规定执行;外国投资者在依法需要取得许可的行业、领域进行投资的,应当依法办理相关许可手续;外商投资企业的组织形式、组织机构,适用公司法、合伙企业法等法律的规定;外商投资企业开展生产经营活动,应当依照有关法律、行政法规和国家有关规定办理税收、会计、外汇等事宜,并接受有关主管部门依法实施的监督检查;外国投资者并购中国境内企业或者以其他方式参与经营者集中的,应当依照反垄断法的规定接受经营者集中审查。

二是建立健全外商投资信息报告制度。草案规定:外国投资者或者外商投资企业应当通过企业登记系统以及企业信用信息公示系统向商务主管部门报送投资信息;外商投资信息报告的内容和范围按照确有必要的原则确定,通过部门信息共享能够获得的投资信息,不得再行要求报送。

三是对外商投资安全审查制度作了原则规定。草案规定:国家对影响或者可能影响国家安全的外商投资进行安全审查;依法作出的安全审查决定为最终决定。

《中华人民共和国外商投资法(草案)》和以上说明,请审议。